CHRISTIANE KRIEG
SABINE WALDMANN

BOTSCHAFTEN UNSERER TIERE

Liebevolle
Impulse für die
Mensch-Tier-
Beziehung

Begleitbuch zu den 40 Karten

Schirner
Verlag

ISBN 978-3-8434-9201-0

Christiane Krieg & Sabine Waldmann
Botschaften unserer Tiere
Liebevolle Impulse für die Mensch-Tier-Beziehung

© 2023 Schirner Verlag, Darmstadt
1. Auflage Juli 2023

Box, Karten & Begleitbuch: Hülya Sözer, Schirner, unter
Verwendung von Illustrationen von Sabine Waldmann sowie
von # 2002275812 (© ghenadie), www.shutterstock.com
Illustrationen: © Sabine Waldmann, www.coachinglight.de
Lektorat: Elke Truckses & Bastian Rittinghaus, Schirner
Printed & bound by: Ren Medien GmbH, Germany

www.schirner.com

Alle Rechte vorbehalten
Reproduktion jeglicher Teile nur mit ausdrücklicher
Genehmigung des Verlages

Inhalt

Einleitung

Tiere erfüllen für uns die verschiedensten Aufgaben. Sie sind Seelentröster, treue Wegbegleiter und fröhliche Herzensöffner. Mit ihrer Lebensfreude schenken sie uns im gemeinsamen Alltag viele lustige Momente, in denen wir herzerfrischend mit ihnen oder über sie lachen können, sodass Stress oder Sorgen sofort verschwinden. Sie sind immer für uns da und möchten mit ihrer bedingungslosen Liebe Freund, Helfer und Lehrer sein. In bestimmten Lebensphasen halten sie uns den Spiegel vor, unterstützen damit unsere Selbstreflexion und stoßen wertvolle Entwicklungsschritte an.

Unsere tierischen Gefährten haben, wie auch wir, ihren Platz in dieser Welt. Sie leben ihrer Art und ihrem Instinkt entsprechend und besitzen dabei eine tiefe Seelenweisheit. Öffnen wir uns den Botschaften der Tiere, können wir ihre Magie erleben. Sie geben uns Impulse und helfen uns, in unsere volle Kraft zu gelangen und unser Potenzial auszuschöpfen.

Durch viele Hundert mediale Tier- und Seelengespräche mit meinen – Christianes – eigenen Tieren, mit Wildtieren oder den Gefährten meiner Kundinnen und Kunden wurden mir ihre vielfältigen Botschaften an uns Menschen übermittelt.

In diesem von Sabine Waldmann liebevoll illustrierten Kartenset habe ich 40 ihrer weisen und stärkenden **Herzensimpulse** für dich zusammengefasst. Ob es dein eigenes Haustier ist oder du einen besonderen Bezug zu einem Wildtier spürst: *Halte einen Moment inne, und höre ihm zu!*

Wir freuen uns sehr, dass du dich für unser Kartenset »Botschaften unserer Tiere« entschieden hast.
Auch wenn wir in diesem Kartenset von »deinem Tier« sprechen, muss dies nicht unbedingt dein eigenes Haustier sein. Vielleicht hast du einen regelmäßigen Besucher in deinem Garten oder auf dem Balkon? Oder Begegnungen mit einem Tier beim Waldspaziergang? Ganz gleich, um welches Tier es sich handelt – die Karten werden dich ihm näherbringen und dir seine Mitteilung offenbaren.

Mit einer intuitiv gezogenen Karte kannst du die Seelenbotschaft deines Tieres an dich erfragen. Oder du gehst der Reihenfolge nach vor und integrierst die liebevollen Mitteilungen in euer Leben, um ein noch schöneres und intensiveres Miteinander zu kreieren und selbst mental zu wachsen. Wenn wir unser Bewusstsein weiten und uns weiterentwickeln, wirkt sich das auch positiv auf das Zusammenleben mit unseren Tieren aus. Und wir spüren dadurch noch einmal deutlicher ihre Freude an der erfüllenden Aufgabe an unserer Seite.

Wir erinnern uns wieder an unsere hellsichtigen Fähigkeiten und lernen, über die telepathische Gedanken- und Gefühlsebene mit den Tieren zu kommunizieren – mit der universellen Sprache, wie es die indigenen Völker seit jeher getan haben.

Kommunikation mit Tieren

Telepathie bedeutet Fühlen auf Distanz, und das funktioniert zwischen allen Lebewesen. Mit jedem Wort wird auch ein Gedanke, also Energie, durch Raum und Zeit getragen. Wir kennen das beispielsweise von der Quantenphysik. Zwei Teilchen, die einmal miteinander agiert haben, bleiben verbunden und reagieren aufeinander, egal, wie weit sie voneinander entfernt sind. Wie Teilchen sind auch unsere Gedanken Schwingungen, sodass wir geistige Verknüpfungen zur Informationsübertragung nutzen können. In der Seelenkommunikation nehmen wir über unsere hellsichtigen Fähigkeiten Bilder, Worte oder Gefühle wahr.

In diesen Gedankenaustausch über jede Entfernung hinweg können wir auch mit Tieren treten, denn wir alle sprechen dieselbe Sprache: von Seele zu Seele – die Sprache des Herzens, des Fühlens und der hellsichtigen Übermittlungen.

Häufig haben wir jedoch verlernt, auf die innere Wahrnehmung, unsere Intuition und die Hellsinne zu vertrauen, weil wir uns lediglich auf die Lautsprache und unsere physischen Sinne verlassen. Selbst wenn wir spüren, dass die Worte unseres Gegenübers nicht mit den Gefühlen, die bei uns ankommen, übereinstimmen, schenken wir dem Gesprochenen häufig mehr Glauben als der dahinterstehenden Energie. Hier gilt es, mit Achtsamkeit und Übung wieder Vertrauen in all unsere Sinne zu gewinnen, damit wir auf dem Weg der Telepathie und des Gedankenaustauschs mit unseren Tieren kommunizieren können. Das stärkt gleichermaßen uns selbst und unsere Wahrnehmung im Alltag.

Du kannst die Botschaften deines Tieres an dich auch erfragen, ohne die Seelenkommunikation vollends erinnert oder erlernt zu haben.
Deine Absicht, der Name des Tieres oder ein Bild von ihm lenkt die Energie, sodass du intuitiv die richtige Botschaft ziehen wirst, wenn du an dein Tier oder dein Anliegen denkst.

Die Erfahrung zeigt, dass unsere Tiere sehr dankbar sind, wenn wir uns wieder über die achtsame lautlose Sprache mit ihnen verbinden, sie in ihrer Ganzheit sehen und ihnen ernsthaft zuhören. Das intensiviert das Verhältnis zu ihnen.

Auf der Seelenebene sind Tiere mit einem übergeordneten Wissen verbunden und stehen uns dadurch mit höherer Weisheit zur Seite.

Wir möchten dir eine kleine Anleitung an die Hand geben, die es dir neben der Nutzung unserer Karten ermöglicht, dich selbst an einem Tierseelengespräch zu probieren. Verbinde dich gedanklich mit deinem Tier oder einem Tier in der Natur, das dir auffällt oder auf besondere Weise begegnet, und beobachte, was du empfängst. Wir wünschen dir ganz viel Freude dabei!

Anleitung für ein eigenes Tierseelengespräch

- Mache dir bewusst, zu welchem Tier du Kontakt aufnehmen möchtest. Sieh dir dazu das Tier oder ein Foto von ihm an, und konzentriere dich auf die Verbindung mit ihm. Du kannst auch zu einem Tier Kontakt aufnehmen, das seinen irdischen Körper bereits verlassen hat. Dann bist du direkt mit seiner Seele verbunden, die weiterhin existiert und erreichbar ist.

- Fühle dich mit dem Boden unter dir verbunden und geerdet. Dadurch erfährst du gleichzeitig energetischen Schutz.
- Lasse deine Alltagsgedanken zur Ruhe kommen, schließe die Augen, und entspanne dich noch tiefer. Du kannst dich dabei auch hinsetzen.
- Formuliere die Absicht, dich mit dem Tier zu verbinden. Du kannst dir dazu einen Lichtstrahl von deinem Herzen zu dem des Tieres vorstellen. Fühle dabei, wie sich dein Herzensraum öffnet, und lasse Liebe zum Tier strömen.
- Begrüße das Tier, und stelle dich ihm vor, falls es dich noch nicht kennt.
- Beginne achtsam mit deiner ersten Frage oder deinem Anliegen, und nimm in einem möglichst gedankenleeren Zustand die Antworten wahr.
- Du kannst auch das Tier erzählen lassen, was es dir mitteilen möchte.
- Nimm die Antworten an, ohne sie zu bewerten. Sie können in Sekundenschnelle in Form von inneren Bildern, Gefühlen oder auch Worten auftauchen.
- Wenn du möchtest, kannst du dem Tier erklären, dass du noch nicht sehr geübt in der Tierkommunikation bist, und es bitten, dir zu helfen, damit

du seine Antworten bestmöglich erfühlen und verstehen kannst.

- Beende den Austausch, sobald deine Konzentration nachlässt, oder unterbrich dein Gespräch, und setze es zu einem späteren Zeitpunkt fort.
- Verabschiede dich von dem Tier, und bedanke dich.
- Löse bewusst die Verbindung zwischen euch, damit alle körperlichen Empfindungen oder Gefühle des Tieres bei ihm verbleiben und du keine fremden Emotionen übernimmst. Löse dazu den Lichtstrahl bewusst wieder vom Herzen des Tieres, oder sage: »Alles, was zu mir gehört, bleibt bei mir, alles, was zu dir gehört, verbleibt bei dir.« Die Verbindung zwischen euch wird auch in dem Moment getrennt, wenn du einer anderen Tätigkeit nachgehst und deine Gedanken auf etwas anderes lenkst.
- Öffne deine Augen, und atme tief ein und aus.
- Notiere dir am besten gleich alle Übermittlungen und Erkenntnisse, denn zu schnell vergisst man die kleinen, aber wichtigen Details.

Wir wünschen dir viele schöne Erlebnisse mit deinem Tier und freuen uns mit dir über alle herzöffnenden, besonderen Momente!

Zum Gebrauch der Karten

Die Reinigung der Karten

Je nach deinem Empfinden kannst du dein Kartenset ab und zu energetisch reinigen – zum Beispiel vor dem ersten Gebrauch, nach der Anwendung in einer Gruppe oder in einem Seminar und nachdem du die Karten verliehen hattest. Dazu gibt es verschiedene Möglichkeiten:

Vor dem erstmaligen Gebrauch
Nimm die Karten aus der Box, ordne sie fächerförmig an, und führe eine Reinigungsräucherung durch. Dazu kannst du ein Räucherstäbchen entzünden oder mit einem Bundle aus Weißem Salbei oder mit Palo-Santo-Holz in einer Räucherschale räuchern. Führe den Kartenfächer durch den Rauch. Zwei bis drei Mal sollten genügen, um alle energetischen Fingerabdrücke, die bei der Produktion entstanden sind, zu lösen. Du kannst auch zusätzlich in Gedanken die Absicht äußern, dass du die Karten energetisch reinigen möchtest, und dich bedanken, dass alle fremden Energien gelöst wurden.

Um dich mit den Karten zu verbinden und sie auf deine Energie einzustimmen, betrachte jede einzelne Karte, denke an dein Tier, und sende aus deinem Herzen Dankbarkeit, Freude und Liebe in die Karten hinein. Halte den Kartenstapel dazu für einige Sekunden an dein Herzchakra.

Reinigung und Aufladung
Nachdem du die Karten ausgeliehen hattest oder sie in einer Gruppe genutzt wurden, kannst du sie erneut mit einer Räucherung reinigen – auch mit von dir intuitiv gewähltem Räucherwerk.
Oder du hältst den ausgepackten Kartenstapel an dein Herz und bittest um eine lichtvolle Reinigung der Karten mit deiner Herzensenergie, damit alle Fremdenergien und -emotionen abgelöst werden.
Für eine weitere Möglichkeit der Reinigung nimmst du die Karten in beide Hände, hältst diese in empfangener Haltung vor dich und richtest folgende Bitte an die lichtvolle Quelle allen Seins: »Ich bitte darum, die Karten von allen Energien zu befreien, die nicht der göttlichen Liebe entsprechen. Jetzt!«

Zum kraftvollen Aufladen kannst du die Karten in einer Vollmondnacht ans Fenster legen oder einen zuvor unter lauwarmen Wasser gereinigten und in der Sonne aufgeladenen Rosenquarz eine Nacht lang auf dem Kartenstapel platzieren.

Nutze ein für dich stimmiges, persönliches Reinigungs- oder auch Einstimmungsritual. Du wirst deine ganz eigenen Worte für dich und dein Tier finden.

Die Anwendung der Karten

Bevor du eine Karte ziehst, komme zur Ruhe, schaffe um dich herum einen Moment der Stille, und besinne dich auf dein Tier. Du kannst kurz die Augen schließen. Denke an berührende gemeinsame Augenblicke, und öffne deinen Herzensraum dabei. Lasse wahrhaftige Liebe fließen.
Mische nun die Karten, lege sie vor dich, und bitte um den für dich und dein Tier passenden Herzensimpuls. Zur Anwendung gibt es verschiedene Möglichkeiten:

Denke an dein Tier, an dein Anliegen oder ein Thema, das euch aktuell beschäftigt, und ziehe intuitiv eine Karte.

Spüre die Liebe zu deinem Tier, und wähle die Karte, zu der es dich hinzieht oder die dir »entgegenfällt«.

Ziehe intuitiv **drei Karten** für jeweils eine Botschaft zur **Vergangenheit** und zur **Gegenwart** und einen Impuls für eure **Zukunft.**

Ziehe täglich oder zum für dich passenden Zeitpunkt eine Karte, oder gehe den Kartenstapel der Reihe nach durch, und integriere die jeweilige Herzensnachricht in deinen Alltag. Dazu kannst du die entsprechende Karte beispielsweise in dein Vision Board integrieren oder sie auf den Schreibtisch stellen, damit du sie häufig im Blick hast und ihre Impulse dich unterstützen können.

Vor einer Ziehung kannst du auch konkrete Fragen formulieren. Denke dabei an dein Tier, und sieh es vor deinem inneren Auge. Mögliche Fragen sind:

- Welche Botschaft hast du für mich?
- Was sollte ich umsetzen, damit wir ein harmonischeres Miteinander erleben?
- Welches Thema darf ich aktuell näher betrachten?
- Was kannst du, geliebtes Tier, mir als Herzensimpuls auf meinem heutigen Weg mitgeben?
- Worin liegt unsere Stärke?
- Worin liegt dieses Jahr/in diesem Monat/in dieser Woche eine besondere Herausforderung, die ich annehmen und anschauen sollte?

Blicke dankbar und liebevoll auf euren gemeinsamen Weg.

Wir wünschen dir und deinem Tier alles Liebe und ein
Leben voller Freude, Erkenntnisse, Wachstum und Er-
füllung.

Von Herzen
Christiane & Sabine

Die
Kartenbotschaften

ACHTSAMKEIT

MIT ACHTSAMKEIT GEHST DU
UNBESCHWERTER DURCH DAS LEBEN
UND KANNST HÜRDEN LEICHTER
ÜBERWINDEN.

Gemeinsam gehen wir über Stock und Stein. Ich zeige dir, wie du dich selbst und alles, was uns umgibt, bewusster wahrnehmen kannst. Sei achtsam, und lebe im Augenblick. Das schärft deine Sinne, lässt dich Dankbarkeit erfahren und im **Bewusstsein** wachsen. Beobachte, ohne zu bewerten. Halte inne, und höre dem Rauschen der Blätter und dem Gesang des Windes zu. Wir brechen einfach aus der Routine aus und erschaffen uns mit Bewusstheit neue Räume. Mehr Kreativität und Lebensgenuss entstehen, wenn wir eingefahrene Muster und Wege verlassen. Komm, wir fangen jetzt damit an!

ANLIEGEN

ÜBER UNSERE GEDANKLICHE
VERBINDUNG KANNST DU MIR
DEINE WÜNSCHE SENDEN.

Über jede Entfernung hinweg trägt deine Intention Gedanken, Gefühle und Bilder zu mir. Alles, was existiert, ist von Energie umgeben und wird durch diese verbunden. Formuliere dein Anliegen positiv, und lasse mich über deine Worte und deine klare Energie wissen, welches **Verhalten** du dir von mir wünschst. Ich versuche, dich in jeder Silbe deiner Nachricht zu verstehen und deinem Wunsch gerecht zu werden, sofern es mir möglich ist. Unsere Herzensverbindung übermittelt deine Botschaften, und die Liebe kennt den Weg. Alles, was vom Herzen kommt und authentisch an mich herangetragen wird, nehme ich dankbar an.

AUF AUGENHÖHE

VON HERZ ZU HERZ
BEGEGNEN WIR UNS AUF
AUGENHÖHE.

Verhältst du dich uns Tieren gegenüber wertschätzend, offenbart sich dir auch dein eigener Wert. Wenn du mich mit deinem Herzen siehst, begegnen sich unsere Seelen auf Augenhöhe. Die gegenseitige **Achtung** ist ein wichtiger Pfeiler unseres Miteinanders. Sie ist für dich ebenso bedeutsam, weil du mit ihr zu deiner Selbstliebe zurückfindest. Unsere innere Stärke und die Anerkennung des Gegenübers machen Machtkämpfe überflüssig. Wir respektieren einander und verbeugen uns gegenseitig vor unserem Sein und vor unserem ureigenen Weg.

BALANCE

IN DER AUSGEGLICHENHEIT LIEGT DEINE KRAFT.

Versuche, in dir selbst zu ruhen, und komme wieder ins Gleichgewicht. Die Antwort ist immer Balance. Ich stehe fest im Leben wie ein Fels in der Brandung, und nichts kann mich aus der Bahn werfen, wenn ich ausgeglichen bin. Finde gemeinsam mit mir mentale und körperliche Balance, um nach jeder Bewegung und nach jedem Entwicklungsschritt zurück in die Ruhe zu finden. Aus deiner **Mitte** heraus kannst du standhaft und gelassen dem Treiben und dem Auf und Ab des Lebens zuschauen. Als Beobachter verweilst du im ruhigen Zentrum deines Selbst. Daraus entsteht deine Seelenweisheit.

BERÜHRUNG

DU BERÜHRST MICH MIT DEINER ZÄRTLICHKEIT.

Lasse uns im Kontakt sein. Deine sanften Berührungen auf meinem Körper und deine Verbindung zu meiner Seele sind für mich elementar! Falls ich den direkten Körperkontakt einmal meide und meinen Freiraum benötige, bin ich mir trotz allem gewiss, dass dein sanfter Blick auf mir ruht. Ich spüre zu jeder Zeit unsere **Seelenverbindung.** Wir sind uns immer nah und füreinander da. Du gibst mir Urvertrauen und Sicherheit, weil du mir zeigst, dass ich geborgen und angenommen bin. Solange du mich mit deinem Blick oder deinem Körper berührst, weiß ich, dass wir niemals einsam sind. Denn du bist mein Zuhause, mein Leben, meine Liebe und mein Lachen.

BEWEGUNG

KOMME MIT MIR INS
TUN, DENN BEWEGUNG
IST LEBEN, UND LEBEN IST
BEWEGUNG.

Alles im Leben fließt und folgt seinem eigenen Rhythmus. Wenn du einmal zum Krafttanken oder für neue Inspirationen innehältst, ist im Anschluss ein erneutes **Voranschreiten** und Aktivwerden nötig, damit du dein Leben bewusst gestalten kannst. Genau dazu animiere ich dich. Ich helfe dir, in ganzheitlicher Bewegung zu bleiben. Lasse uns den Fluss des Lebens gemeinsam aktiv durchschwimmen. Zögere nicht zu lange, sondern nimm mein Angebot an, und komme mit mir ins Tun und in die Lebendigkeit.

DANKBARKEIT

BEI DIR SEIN ZU DÜRFEN, ERFÜLLT MICH MIT TIEFER DANKBARKEIT.

Ich bin endlich angekommen. Ein Gefühl des Vertrauens, der Liebe und der Fülle trägt mich nun durch meinen Tag, und ich genieße mein Leben an deiner Seite. Meine Dankbarkeit beinhaltet keinerlei Unterwerfung. Vielmehr ist sie geprägt von meinem Glück und der reinen **Liebe** zu dir. Fortan gehe ich gestärkt durch dieses Leben mit dem Wissen, etwas Bedeutendes in mir zu tragen und wertvoll für dich zu sein. Bei dir darf ich so sein, wie ich bin, mit all meinen Facetten. Ebenso darfst du bei mir so sein, wie du bist. Für deine Liebe, dein Verständnis und unser gemeinsames Leben bin ich dir unglaublich dankbar.

ERDUNG

Ich bin für dich da und erde dich. Lasse uns gemeinsam ruhig werden und den Boden unter uns bewusst erspüren. Ich lade dich von Herzen dazu ein, es mir gleichzutun. Lege dich mit dem Rücken auf den Boden, laufe barfuß durch das Gras oder den Sand. Die Natur verbindet uns mit unserer inneren Geborgenheit. Bis in jede Zelle hinein spürst du die Stärke deines Fundaments. Mit jedem Schritt und jedem deiner Atemzüge entfaltet sich das Gefühl des Getragenwerdens. Du bist mit dem gegenwärtigen Augenblick verbunden. Mit starken **Wurzeln** fest verankert, können wir uns besser in den Himmel recken.

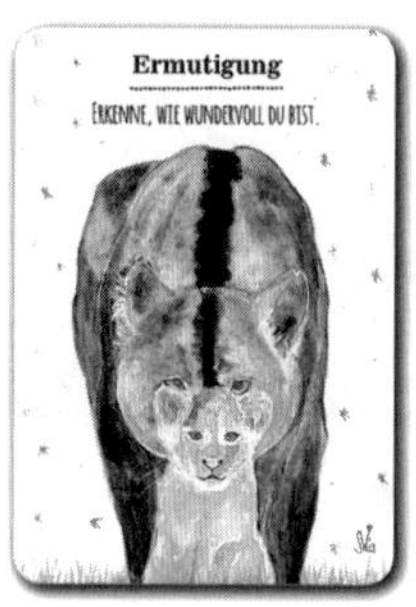

ERMUTIGUNG

ERKENNE,
WIE WUNDERVOLL DU BIST.

Indem du mich lobst, lobst du auch dich. Ich spreche dir mit jeder Faser meines Seins **Mut** zu, vorwärtszugehen und dich auszuprobieren. Ich bestärke dich in deinem Tun, weil ich achtsam jeden noch so kleinen Prozess erkenne und dich darin unterstütze. Du brauchst nicht erst in Fußstapfen hineinzuwachsen. Du darfst einen Schritt nach dem anderen gehen, um deinen Weg zu meistern. Wie du ihn gehst, ist Ausdruck deiner einzigartigen Entwicklung. Doch dein Seelenkern leuchtet bereits seit Anbeginn in seiner wahrhaftigen Größe und Vollkommenheit.

ERWARTUNGEN

ÜBERPRÜFE DEINE ERWARTUNGEN
ANS LEBEN, UM ENTTÄUSCHUNGEN
ENTGEGENZUTRETEN.

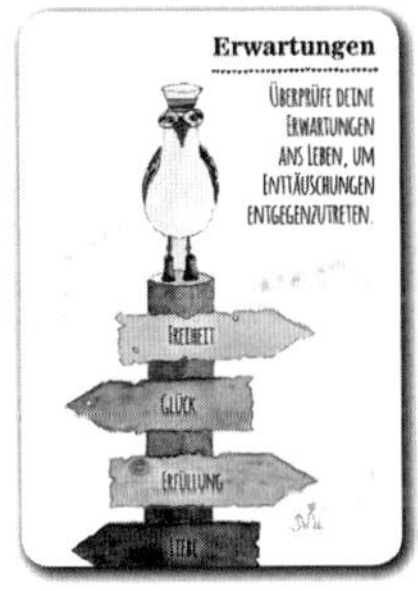

Was erfüllt dich? Was bereitet dir Freude? Was erwartest du von mir? Ich befreie mich von jeglichen Erwartungen an dich und an andere. Mache auch du dich frei davon, und biete dem Leben die Chance, dich zu überraschen. Lasse Glück zu, damit es dich finden kann. Es mag sein, dass vieles noch im **Verborgenen** liegt. Dann fühle einmal tief in dich hinein. Deine Seele kennt den Weg, der dich trägt. Folge ihm in dem Bewusstsein, dass alles für dich da ist, dann kannst du nicht enttäuscht werden und entgehst schmerzhaften Erfahrungen. Es ist deine Wahl und liegt in deiner Hand. Sprich dich und mich frei, damit wir glücklich daraufloslaufen können.

FLOW

FINDE DEINE BESTIMMUNG, DAMIT LEICHTIGKEIT DICH TRÄGT.

Folgst du deinem Seelenplan, fühlt sich alles richtig an und fließt wie von selbst. Wie ich hast auch du deinen vorbestimmten Weg, der einzigartige Aufgaben für dich bereithält. Er offenbart sich dir, wenn du auf deine innere Stimme hörst und dich von **Freude** leiten lässt. Stellst du dich mit deinem Ego aber dem natürlichen Fluss entgegen, verursacht das Widerstand und Drama. Gib dich mit Selbstliebe gänzlich deiner Bestimmung hin, und lasse Leichtigkeit und Spaß deine Richtungsweiser sein, dann spürst du die Kraft des Universums im Rücken und gleitest mühelos auf deiner Lebenswelle dahin.

FLÜGEL

Nicht alle Tiere haben Flügel. Und doch kann auch ich dich mitnehmen in die hohen Ebenen. Dein Geist ist frei, kann sich grenzenlos ausbreiten und **Inspiration** fließen lassen. Gib deiner Fantasie Raum, und schwinge dich mit mir in luftige Höhen. Hier kannst du die Dinge von allen Seiten und aus einer anderen Perspektive betrachten. Steige mit mir auf, erhebe dich, und fliege frei. Die innere Freiheit ist kostbar. Sie gibt deinen Gedanken den Raum, den Blick auf das Positive zu richten. Deine Ideen kreieren die Zukunft. Ich nehme dich mit auf die Reise deiner Transformation.

FREIGEIST

ALS FREIGEISTER ENTSCHEIDEN WIR UNS OFT GEGEN DIE NORM, WEIL UNS UNSERE INTUITION DEN WEG ZEIGT.

Für dich ist nicht immer nachvollziehbar, wie ich Entscheidungen treffe. Mein **inneres Licht** leuchtet mir dabei den Weg. Ich kann nicht anders, als dieser Kraft zu folgen, und bleibe mir dabei stets treu. Ich zeige dir auf, wie stark mein Wille sein kann, auch wenn es die große Herausforderung für dich mitbringt, mir in diesen Momenten absolut zu vertrauen. Das darfst du dir ebenfalls zugestehen. Ich biete dir die Möglichkeit, dich von fremden Meinungen und Konventionen zu befreien. Lasse uns die Wahrheit in uns selbst finden und den für uns stimmigen Weg gehen. Dann bleiben wir ganz bei uns, ohne uns im Außen zu verlieren.

Freiheit

Die schönste und reinste Form der Liebe erfahren wir, wenn wir vollkommen frei sind und gleichzeitig spüren, dass wir zusammengehören. Die Entwicklung unseres eigenen **Seelenpotenzials** ist unendlich wichtig. Ich zeige dir, dass sich unsere Seelen trotz unserer Liebe zueinander uneingeschränkt entfalten können und dass ich ganz bewusst den Platz an deiner Seite gewählt habe. Es bedarf unserer Stärke, dem anderen diese Freiheit zuzugestehen und ihn voller Vertrauen sein und loszulassen. In Freiheit kann ich mich entwickeln und meinem eigenen Plan folgen. Und doch weiß ich: Wir gehören zusammen. Ich danke dir von Herzen für deine bedingungslose Liebe.

FREUDE

TUE ES MIR GLEICH, UND SEI EINFACH EINMAL »ÜBER-MUTIG«.

Ich zeige dir, was dein Inneres Kind vor Freude hüpfen und springen lässt. Komme heute aus deiner **Komfortzone,** und lasse dich von meiner Freude und meinem Übermut anstecken. Sei im Hier und Jetzt und bereit, loszulaufen, loszulachen und in Pfützen zu springen. Mit meiner Hilfe kannst du Grenzen und Limits überwinden. Das befreit und macht dein Herz leicht und weit. Öffne dich gemeinsam mit mir der Leichtigkeit, Lebensfreude und Ausgelassenheit. Und nun sprinte mutig über deine Begrenzungen.

FRIEDEN

♥♥♥♥♥♥♥♥♥♥♥♥♥♥♥♥♥♥♥♥♥♥♥♥♥♥♥

ICH BIN EIN MEISTER IM VERGEBEN UND LEHRE DICH, WIE DU HEILUNG ERFAHREN KANNST.

Gib Wut, Groll und Enttäuschungen ab. Übergib sie der transformierenden Kraft des rauen Windes oder des fließenden Wassers. Lasse jetzt auch alle Vorwürfe und Verletzungen los, und mache dir selbst damit das größteGeschenk. Es bringt dir Frieden und deine Freude zu-rück, gleichzeitig löst es alte, hinderliche Verstrickun-gen, sodass du deinen Weg mit leichterem Herzen fortsetzen kannst. Mit der Zeit wirst du, wie ich, darin geübt sein, zu vergeben und im Hier und Jetzt zu leben. **Großmut,** Zufriedenheit und das Einnehmen einer höheren Perspektive werden dir dann jederzeit möglich sein.

FÜHLEN

GEHE NICHT INS MIT-LEIDEN, SONDERN INS MIT-FÜHLEN, UND UNTERSTÜTZE MICH DAMIT.

Ich möchte dich daran erinnern, dass du gleichermaßen für dich sorgst, wie du es für mich tust. Es hilft keinem, wenn du mit mir leidest, denn ich schöpfe meine Kraft aus deiner Stärke. Unterstütze mich, indem du voller Vertrauen einen Schritt nach dem anderen an meiner Seite gehst. Du darfst mich fühlen und mich mit deiner Stärke, deinem Lächeln und deinem **Trost** begleiten. Ich liebe dich und danke dir für deine Selbstsicherheit, die deiner Mitte entspringt und uns beide zärtlich umhüllt.

FÜHRUNG

GEHE DEN WEG DEINER INNEREN FÜHRUNG, DANN FOLGE ICH DIR BEDINGUNGSLOS.

Weißt du, wohin du im Leben gehen möchtest? Hast du ein klares Ziel vor Augen, oder bist du an einem Punkt unsicher, an dem Entscheidungen anstehen? Hast du vergessen, deiner inneren Führung zu vertrauen und deinem Bauchgefühl zu folgen? Wenn du selbst unklar bist und nicht weißt, wohin du willst, wie kann ich dir dann die Führung überlassen? Bleibe bei deiner **Intuition,** und höre auf deine innere Stimme. Alle Ängste, die von außen an dich herangetragen werden oder durch uralte hinderliche Glaubenssätze entstanden sind, sind eine Illusion. Vertraue auf deinen inneren Kompass und deinen Seelenplan. Dann folge ich dir und mache dich auf die richtige Entscheidung aufmerksam.

GEPÄCK

LASSE DIE DINGE LOS, DIE DEINE SCHRITTE SCHWER MACHEN.

Wir alle tragen einen Rucksack voller Erfahrungen aus diesem, aber auch aus vorherigen Leben. Vieles stärkt und ermutigt uns. Doch es gibt Erlebnisse, die wie eine Last an uns hängen. Sie hindern uns, dem eigenen Pfad unbeschwert zu folgen und in **Leichtigkeit** voranzuschreiten. Schaue nach, was sich Schweres in deinem Gepäck angesammelt hat. Welche Personen und Erlebnisse darfst du in Dankbarkeit loslassen, damit sie keine dich zurückhaltende Kraft mehr auf dich ausüben? Danke ihnen für die Erkenntnisse, danke dir für deine jetzige Stärke, und gehe ins Verzeihen. Die Liebe und das Glück bleiben bestehen, und deine und meine Schritte werden wieder leicht.

GLAUBEN

WIE SCHWER UNSERE ZEITEN
AUCH EINMAL SEIN MÖGEN,
ICH GLAUBE AN DICH.

Ich weiß, dass du immer die richtige Entscheidung für uns beide triffst. Du kannst mich lesen, fühlen und spüren. Das Wichtigste ist dein Glauben an dich. Spüre, wie wundervoll und wie stark du bist. Erinnere dich an das, was in deinem Herzen ruht. Und auch daran, welche Wege du schon gegangen bist und was durch dich erschaffen und kreiert wurde. Noch so viel mehr möchte gelebt werden. Nutze die **Kraft des Glaubens.** Und wohin du auch gehen magst, gehe mit voller Überzeugung und im Vertrauen auf dich selbst. Ich sehe dich, und ich gebe dir Halt.

HERZÖFFNUNG

MEIN HERZ HÜPFT VOR FREUDE, WENN WIR UNS SEHEN.

Ich weiß, dass du immer für mich da bist, und das stärkt mein Vertrauen in diese Welt. Bei jedem Entschluss, den du für dich triffst, bin ich gedanklich an deiner Seite. Ich zeige dir, ob du eine Entscheidung aus dem Herzen heraus oder aus Furcht getroffen hast. Verbinde dich bei Zweifeln in Ruhe wieder mit deinem Herzen, und höre auf deine feine **innere Stimme,** die dich wertungsfrei und konstant führt. Öffne dein Herz ganz weit, indem du an unsere Liebe füreinander denkst, und dann frage es, welcher Pfad und welche Entscheidung jetzt richtig ist. Dein Herz kennt deinen Seelenweg.

HIMMELREICH

ERLAUBE DIR, IN FÜLLE ZU LEBEN.

Alles ist einzig eine Entscheidung weit entfernt. Spüre nach, was dich davon abhält, dir den Himmel auf Erden zuzugestehen. Universeller Reichtum ist unser Geburtsrecht, und alles entspringt der Quelle allen Seins. Sieh die **Fülle** in allem, damit Ängste keinen Platz haben, und öffne dich dem Segen. Nimm das Licht der Liebe und des Glücks an, und erkenne, dass alles im Überfluss vorhanden ist. Dann verschwindet jegliches Mangeldenken sofort. Du spürst die wahre Anbindung, den Halt, und deine Herzenswünsche manifestieren sich. Lasse den Strom der Fülle fließen ohne das Gefühl, etwas festhalten zu müssen. Dann spürst du das Ankommen bei dir und in deinem Seelenfrieden – auf allen Ebenen.

HINGABE

BEGEGNE MIR MIT HINGABE, EMPATHIE UND AUTHENTIZITÄT.

Mit Hingabe, Empathie und Authentizität eröffnet sich uns eine Ebene voller Magie. Sei liebevoll, sanft und gütig zu dir selbst, und vertraue darauf, dass du dich dem Leben zeigen darfst, wie du wahrhaftig bist. Ich spüre in jedem Augenblick, was sich hinter deinen Worten verbirgt. Ich spüre und sehe dich. Ich reagiere auf deine Energie und auf deine Gedanken, um dir all das aufzuzeigen, was du verstecken möchtest. Offenbare dein wahres Selbst, und lasse Emotionen in Bewegung kommen. Dann wirst du erleben, welche große **Liebeskraft** und welche Wunder sich entfalten.

INNEHALTEN

LAUSCHE IN DIE NATUR, UND ERKENNE, WAS SIE ZU ERZÄHLEN HAT.

Höre dem Wind, den Bäumen, Steinen, Pflanzen und auch uns Tieren zu. Nimm wahr, was wir dir zuflüstern. Die Weisheit der Seele ist **Balsam** auf deinem Weg. Gönne dir gemeinsam mit mir Pausen in der Natur, und lasse uns still werden und zuhören. Worte, Bilder und ganze Geschichten entstehen in unserem Inneren, wenn wir das alltägliche Gedankenkarussell stoppen. Mache deinen Geist frei, und beginne, zu lauschen. Die Kommunikation zwischen allen Wesen im Himmel und auf Erden darf ungehindert fließen.

KRAFT

SEI WIE ICH STARK UND VOLLER EHRFURCHT VOR DEM LEBEN.

Ich schöpfe aus meiner inneren Quelle heraus. Unsere Kräfte des Geistes und des Herzens sind so stark, dass wir alles kreieren und erreichen können. Dazu kann es notwendig sein, dich deinem **Selbst** zuzuwenden und zu fragen, wie du zurück in deine ureigene Kraft findest oder was dich daran hindert, dich mit ihr zu verbinden. Wer oder was raubt dir dauerhaft Energie? Erkenne in der Tiefe deines Unterbewusstseins, wie wir gemeinsam unsere Kraft halten und schützen können und was jetzt losgelassen werden darf. Lasse uns unsere Stärke zum Wohle aller einsetzen – voller Toleranz und Achtung vor dem Leben.

MEDITATION

ICH WERDE RUHIG, GEMEINSAM MIT DIR.

Beziehe mich in deine Entspannungsübungen ein. Was dir guttut, hilft mir ebenso. Frieden, Ruhe und Sicherheit breiten sich in mir aus, wenn du bewusst unsere Felder verbindest. Lade mich in deinen Raum der Achtsamkeit ein, und verbinde unser beider Atem. Gehe in Gedanken gemeinsam mit mir an den wunderschönen Ort, an dem wir Ruhe finden und Kraft tanken. Wenn ich aufgeregt bin, lässt du mich **Gelöstheit** erfahren. Wenn ich Sorgen habe, finde ich im Moment des gemeinsamen Seins meine Stärke wieder. Hülle uns in farbiges Licht ein. Du wirst spüren, welche Farbe in diesem Augenblick hilfreich ist.

MUT

GESTALTE DEIN LEBEN IN REINEM SCHÖPFERBEWUSSTSEIN.

Lebst du wahrhaftig und im Bewusstsein deiner selbst? Oder hast du Strategien entwickelt, um ruhelos vor Entscheidungen zu flüchten? Unsere Urinstinkte warnen uns und lassen uns achtsam handeln. Doch Ängste, die aus einer Opferhaltung heraus entstehen, laden dazu ein, andere über dich und dein Tun bestimmen zu lassen. Fühle jetzt den Mut, aus dieser Rolle auszusteigen. Ich bin bei dir. Du bist du. Und du gestaltest deinen Kraftort um dich herum. **Kreiere** dein Leben ab heute liebevoll, und lade die Menschen und Tiere, die du um dich und um uns haben möchtest, darin ein. Tritt hervor, und sei dir im Klaren, dass du diesen Platz in jedem Augenblick deines Daseins mit deinen Entscheidungen selbst erschaffst.

NEUBEGINN

EIN NEUER ANFANG OFFENBART DIR UNENDLICH VIELE MÖGLICHKEITEN.

Richte dich zum Höchsten hin aus – ohne Ängste –, und nutze die Kraft der Wandlung und Erneuerung. Unendlich viele Farben, Möglichkeiten und Wege hält das Universum für dich bereit. Nutze jeden Neubeginn als Chance auf unser wahrhaftiges Leben. Lasse Altes hinter dir, und schließe damit ab. Freue dich auf alles Neue. Das Leben bewegt sich in **Zyklen,** die wir durchwandern. Mit jedem Entwicklungsschritt steigen wir lichtvoll weiter empor. Vertraue dem Unbekannten, auch wenn der Verstand es noch nicht begreifen kann. Für unser Herz ist es ein willkommenes Geschenk, das es bereits fest an sich drückt.

RAUM

Ich lausche tief in dich hinein und bin für dich da. Wenn du dich über jemanden geärgert hast oder gar verletzt wurdest, biete ich dir den Platz an meiner Seite an. Ich halte die Energie für uns beide und bin dein **Kraftort.** Lasse dich fallen, und gib dich hin. Bei mir kannst du dich erholen und aufladen. Ebenso bietest du mir diesen Raum, sollte es notwendig sein. Wann auch immer du einen Rückzug von dieser Welt brauchst, suche den Platz eng an meiner Seite auf, damit ich dich wahrhaftig wahrnehmen und deine Seele auffangen kann.

SCHÖNHEIT

DIE SCHÖNHEIT DEINER SEELE IST FÜR MICH IMMER ERKENNBAR.

Ich decke deine innere Schönheit mit meiner Liebe zu dir auf, damit sie vollends erblühen und gesehen werden kann. Ich nehme dich in deiner Ganzheit und in deiner Vollkommenheit wahr. Damit meine ich nicht, dass du perfekt sein sollst. Denn das entspricht nicht unserem Ursprung und sollte somit nicht unser Anspruch sein. Die wahre Schönheit findet sich im **Herzen,** in der Liebe, in der Güte und im Verständnis füreinander. Alles Sein entspringt dieser (r)einen Quelle. Wenn du mir in die Augen schaust, kannst du darin deine eigene Schönheit erkennen.

SCHUTZ

♥♥♥♥♥♥♥♥♥♥♥♥♥♥♥♥♥♥♥♥♥♥♥♥♥♥♥

ICH PASSE AUF DICH AUF, WO IMMER DU IM LEBEN STEHST ODER GEHST.

Dich zu behüten, bedeutet nicht, dir deine Schöpferkraft oder Entscheidungsstärke zu nehmen. Ich unterstütze dich in allem, was du tust. Ich passe auf dich auf, achte und sehe dich. Machst du dich vielleicht kleiner, als du bist, indem du anderen mehr Glauben schenkst als dir selbst? Sollte es nötig sein, gebe ich dir einen liebevollen, aber bestimmten Stups, damit du dich an das erinnerst, was dir guttut. Ich erkenne **Grenzüberschreitungen** und gebe acht, dass niemand unbefugt dein Feld betritt und dich verletzt. Gleichzeitig mache ich dich darauf aufmerksam, welche Kraft dir zur Verfügung steht, wenn du aufhörst, es allen recht machen zu wollen. Nähre dich an der Quelle, die für uns alle jederzeit verfügbar ist, und ehre deine Energie.

SEIN

♥♥♥♥♥♥♥♥♥♥♥♥♥♥♥♥♥♥♥♥♥♥♥♥♥♥♥

IM REINEN SEIN
LIEGT DEIN SCHLÜSSEL ZUM GLÜCK.

Deine Suche endet bei dir. In deiner Verbindung zum Seelenbewusstsein findest du alle Antworten. Wenn du versuchst, durch Vergnügungen im Außen **Glück** zu finden, dann wird deine Freude nicht von Dauer sein. Denn das Glücklichsein ist der Ursprung selbst. Bist du vollkommen bei dir und mit dir im Reinen? Schließe Frieden mit dir und anderen, dann erfährst du das reine Sein. Genieße diesen bewussten Augenblick, in dem es kein Müssen, keinen Druck und keine Pläne gibt. Was aus dir geboren werden möchte, erscheint dann von selbst als Herzenswunsch, um sich im Außen zu manifestieren. Erinnere dich: Die Welt ist richtig, wie sie ist, weil sie unseren inneren Zustand widerspiegelt.

SINNE

DAS LEBEN IST BUNT, GENIESSE ES MIT ALL DEINEN SINNEN.

Deine Seele und dein Geist können in den buntesten Farben sehen, wenn du dich allen Sinneseindrücken gänzlich öffnest. Lasse die Vielfalt deiner Empfindungen zu, und schaue, was uns das Leben an **Facetten** zu bieten hat. Ich mache es dir vor, und auch du kannst deine physischen und nicht physischen Sinne wieder trainieren und die Welt in seiner wahrhaftigen Pracht erfahren. Dies erschließt dir neue Horizonte und öffnet die Türen zum paradiesischen Garten von Mutter Erde. Finde heraus, wie sich zärtliche Berührungen anfühlen, die Erde und das Gras duften und Blumen schmecken. Lasse das Leben bunt sein.

SPIEGEL

ICH BIN EIN SPIEGELBILD DEINES DENKENS, FÜHLENS UND HANDELNS.

Ich gehe mit dir und deiner Energie in Resonanz. Unsere Felder sind fein verwoben, und unsere Schwingungen tanzen im Gleichklang. Du hast den Platz an meiner Seite auf anderer Ebene bewusst gewählt, um gemeinsame **Lernaufgaben** zu meistern. Stört dich etwas an mir? Regen dich Verhaltensweisen im Zusammenleben auf? Meine Spiegelungen sind ein Ausdruck meiner tiefen und bedingungslosen Liebe zu dir. Halte uns den Spiegel vor, und sprich Themen laut aus. Erkennst du etwas? Jetzt ist die Zeit, alles Störende aus dem Verborgenen hervorzuholen und lichtvoll zu betrachten. Dann kann Wandlung geschehen.

STOLZ

VOLLER SELBSTBEWUSSTSEIN SCHREITEN WIR ÜBER DAS PARKETT DES LEBENS.

Richte dich auf, sprich deine Wahrheit aus, und sei dir deiner selbst bewusst, um in deinem Wesen wahrgenommen zu werden. Begrüße jeden Tag kraftvoll und voller Stolz. Schaue in Ruhe und Klarheit zurück auf dein bisheriges Leben. Sage voller Selbstsicherheit Ja zu dem Weg, den du bereits zurückgelegt hast, und auch der Strecke, die noch vor dir liegt. Erinnere dich an deine **Taten,** die Freude und das Erschaffene. Sprich dir nichts ab, und rede nichts klein, sondern erkenne die großartige Leistung in all diesen Minuten, Tagen und Jahren, die du durchs Leben getanzt bist. Lasse deinen ganz eigenen Ausdruck weiter Gestalt annehmen, denn du hast Wertvolles zu sagen und zu geben.

VERBUNDENHEIT

SPÜRE UNSERE
VERBINDUNG, WAS AUCH
IMMER DAS LEBEN FÜR UNS
BEREITHÄLT.

Wir bleiben verbunden, solange du es möchtest. Es wird der Tag kommen, an dem wir physisch getrennte Wege gehen. Diesen Augenblick bestimmt das Leben. Doch wir können in Kontakt bleiben, denn unsere Seelen sind weiterhin füreinander da. Verbinde dich über dein Herz mit mir, und begleite mich über die **Regenbogenbrücke.** Fühlst du es auch? Der Weg darüber leuchtet in den wundervollsten Farben, von denen jede in ihrer eigenen Frequenz schwingt. Auf der anderen Seite erwarten mich reinste Freude, Harmonie und Glückseligkeit. Sei unbesorgt – unsere Liebe und unser gemeinsames Leben verbinden uns. Ich trage dich in meinem Herzen. Und mein Platz ist in deinem.

VERTRAUEN

WENN DU AUFHÖRST, ALLES KONTROLLIEREN ZU WOLLEN, ERÖFFNEN SICH DIR GROSSARTIGE NEUE MÖGLICHKEITEN.

Loszulassen, bedeutet nicht, dass du etwas aufgibst. Es heißt vielmehr, dass du dich für eine neue Lebensweise öffnest. Woher mag dieser Zwang zur Kontrolle bei mir oder bei uns beiden kommen? Haben wir noch nicht die Erfahrung gemacht, dass wir uns auch auf andere verlassen können, oder wirkt noch eine tiefe Verletzung oder ein hinderlicher Glaubenssatz in uns? Lasse uns gemeinsam auf die heilende **Suche** gehen, damit wir im Anschluss leichter voranschreiten können. Öffnen wir uns wieder voller Vertrauen dem Leben – mit dem Wissen, dass zu jeder Zeit und auf allen Ebenen für uns gesorgt ist.

VIELFALT

WIR ALLE VERFÜGEN ÜBER UNTERSCHIEDLICHSTE POTENZIALE.

Unsere Beziehung braucht keine Anleitung, die aus einer Schublade kommt. Du weißt am besten, wie viele unterschiedliche Charaktere, Lern- und Lebensaufgaben es gibt. Wir alle bringen eigene Voraussetzungen und unsere Individualität mit in dieses Leben. Deshalb ist es sinnvoll, persönlich abzuwägen, wie wir etwas verbessern können, und dabei zu prüfen, ob es sich stimmig anfühlt und unserem Lebensweg entspricht. Ein intensives Hinhören und Hineinfühlen reichen aus, uns den Weg zu weisen, denn unsere Seelen sprechen offen miteinander. Ich zeige dir, wie du aus deinen oder meinen vermeintlichen Schwächen **Stärken** machst. Mit diesem Wissen können wir für andere ein Vorbild sein.

ZAUBER

UNSERER SEELEN-
BEGEGNUNG WOHNT EIN
ZAUBER INNE.

Die Magie begann, als sich unsere Seelen dazu entschieden haben, diesen Weg gemeinsam zu gehen. Du kannst unendlich viel über dich selbst erfahren, wenn du mich anschaust und erkennst, warum ich an deiner Seite bin. Erinnere dich an unsere Verabredung für das jetzige Leben, das wir erneut gemeinsam meistern. Wir haben bereits viele **Seelenwanderungen** unternommen, und mit jeder einzelnen schöpfen wir unser Potenzial mehr aus. Ich danke dir für dein Sein und für unsere Verbundenheit.

ZEIT

vvvvvvvvvvvvvvvvvvvvvvvvvvvvvv

ERKENNE, DASS DAS UNIVERSUM NICHT IN LINEAREN STRUKTUREN EXISTIERT.

Ich erinnere dich daran, dass du als geistiges Wesen mit dem Geist und der Seele aller Geschöpfe und Dinge, auch denen von uns Tieren und der ganzen Natur, verbunden bist. Als es noch ein Gleichgewicht in der Weltenseele gab, kannten die Menschen ihre telepathischen Fähigkeiten und wussten, dass sich alles in allem wiederfindet. Wenn wir dieses ursprüngliche Wissen und dein Potenzial erwecken, erfährst du, dass die **Dimensionen** weit geöffnet und alle Seelen über das morphogenetische Feld verbunden sind. Alles ist eins und eint uns. Die Zeit als Konstrukt benötigen wir lediglich für den linear denkenden Verstand. Sei dir gewiss: Wir können jederzeit und über jedes Zeitgefüge hinweg mit dem Bewusstsein von Tieren, Naturwesen und Menschen Kontakt aufnehmen.

Dank

... von Christiane Krieg

Es ist mir ein Herzensanliegen, all jenen ein großes Dankeschön auszusprechen, die dieses Kartenset begleitet, unterstützt und gefördert haben!

Danke an Heidi und Markus Schirner für das Vertrauen und das In-die-Welt-Hinaustragen dieses Projektes.
Für tolle Impulse und großartige Arbeit danke ich meiner Lektorin Elke Truckses, meinem Lektor Bastian Rittinghaus und meiner Grafikerin Hülya Sözer.
Wie dankbar ich bin, dass ich während der Arbeit an diesem Kartenset mit Sabine Waldmann zusammengefunden habe, kann ich kaum in Worte fassen. Die Bilder von Sabine greifen die Seelenbotschaften berührend und zauberhaft auf. Ohne ihre Illustrationen hätte das Kartenset einfach nicht wirken können.
Ich möchte meinen Kundinnen und Kunden und ihren Tieren danken, dass ich als Seelenleserin für sie dolmetschen und sie ein Stück weit in ihrem Leben begleiten darf.

Und natürlich danke ich meinem Mann, der mir den nötigen Raum schenkt und wie ich Freude daran hat, inmitten von Tieren und der Natur zu leben.

Danke all den wundervollen Tierseelen, die uns die Brücke zu uns selbst bauen.

Von Herzen
Christiane

… von Sabine Waldmann

Im August 2022 bekam ich plötzlich die Anfrage einer mir unbekannten Dame, die gern mit mir zusammenarbeiten wollte. Ich sollte die Bilder zu ihrem neuen Kartenset malen …
Da ich gerade erst mein eigenes Projekt beendet hatte und eine Pause brauchte, lehnte ich ab, obwohl ich sehr interessiert und fasziniert war. Welch ein Glück, dass du, liebe Christiane, so viel Geduld mit meiner Zeitplanung und Auslastung hattest. Vom ersten Gespräch an hatte ich das Gefühl, dich seit Jahren zu kennen. Danke für deine wertschätzende, motivierende, hellsichtige und kreative, immer liebevolle Art – es macht so eine Freude, mit dir zu arbeiten.

Ganz herzlichen Dank auch an Markus und vor allem Heidi Schirner, die mich weiterempfohlen hatte und bei mir nicht lockerließ, bis ich das Projekt annahm.

Vielen Dank an meine Lektorin Elke Truckses, meinen Lektor Bastian Rittinghaus sowie meine Grafikerin Hülya Sözer, die sich unermüdlich um alles gekümmert haben.

Natürlich gebührt auch meiner gesamten Familie ein großer Dank, vor allem meinem Mann Peter, meinen verrückten Kindern und meiner Schwester Claudia. Sie alle mussten ertragen, dass ich mit meinem Kopf nur noch bei Tiermotiven und der Aquarellmalerei war. Ihr seid großartig.

Auch an meine Freundinnen und Freunde geht ein besonderes Dankeschön, denn sie haben mich auf meinem Weg liebevoll begleitet, motiviert und gestärkt. Und letztlich herzlichen Dank an alle Kundinnen und Kunden, Klientinnen und Klienten, Workshopteilnehmerinnen und Workshopteilnehmer, die durch ihre vertrauensvolle und motivierende Art, ihren Zuspruch und ihre Erkenntnisse ein ständiger Quell der Inspiration für mich waren und sind.

Von Herzen
Sabine

Die Autorin

»Halte einen Moment inne, und höre deinem Tier zu!
Ich möchte dir auf deinem Weg mit den Tieren gern helfen, dir verschiedene Impulse geben und dich mit meinen medialen Fähigkeiten unterstützen. Ich bin für dich da, wenn du dein inneres Wissen entfalten, deine Berufung leben und deine vollständige spirituelle Kraft erlangen möchtest.«

Christiane Krieg, ausgebildete Tierkommunikatorin und ganzheitliche Coachin, lebt mit ihrem Mann und ihren Tieren bei Hamburg. Ausbildungen in Heilströmen, Schamanismus und Quantenheilung vervollständigen ihr Repertoire, mit dem sie als Tierdolmetscherin, Medium, Lebensberaterin und Autorin wirkt. Wichtig ist ihr, das oft hinter Glaubenssätzen und alten Verletzungen verborgene Licht der Seele jedes Einzelnen hervorzuholen und zu stärken.

www.christianekrieg.com
info@christianekrieg.com

Die Künstlerin

»Ich liebe es, Menschen auf ihrem Weg hin zu neuen Sichtweisen, Erkenntnissen und Zielen zu begleiten und ihnen zu helfen, die eigenen Schätze zu entdecken und zu heben. Meine Bilder sollen zusätzlich dazu beitragen, Freude an Veränderungen zu entdecken, Perspektivwechsel vorzunehmen und Übergänge gut zu gestalten.«

Sabine Waldmann ist seit über 18 Jahren als selbstständige Coachin und Trainerin tätig. Als zertifizierte Systemische Beraterin und Organisationsberaterin (DGSF) ist es ihre Passion, Menschen darin zu unterstützen, deren Werte und Ziele zu definieren, gewaltfreie Kommunikation umzusetzen und Erfolge sichtbar zu machen. Dabei arbeitet sie gezielt mit selbst gemalten Bildern, um tief liegende Wünsche und Bedürfnisse ans Licht zu bringen, die sonst im Verborgenen bleiben.

www.coachinglight.de
www.instagram.de/coachinglight
www.facebook.com/SabineWaldmannCoachinglight
info@coachinglight.de

Finde deinen intuitiven Zugang zur Tierseele

Christiane Krieg &
Abbas Schirmohammadi
Mit Tieren kommunizieren

Set mit Buch und 40 Karten
ISBN 978-3-8434-9182-2

Sobald wir unsere Intuition trainieren und lernen, uns mit unserem vierbeinigen besten Freund über die innere Wahrnehmung auszutauschen, steht einer achtsamen, respektvollen und empathischen Beziehung auf Augenhöhe nichts im Weg. Ob als intuitiv gezogene Aktionskarte oder als Übungsprogramm für das Tier-Mensch-Gespann – die Impulse dieses Sets eröffnen uns endlich eine Kommunikation von Herz zu Herz mit Hund, Katze und Pferd, mit Kaninchen, Wellensittich und Schildkröte.

Humor ist der beste Lebenscoach

Sabine Waldmann
**Aufgeben ist keine Option –
das Beste kommt erst noch!**
Mit Humor alle Hürden meistern –
das Selbstcoaching-Programm

Set mit Buch und 40 Karten
ISBN 978-3-8434-9204-1

Ob Schicksalsschläge, private oder berufliche Umbrüche, globale Krisen oder der ganz normale »Alltagswahnsinn« – es ist gar nicht so leicht, uns bei all den äußeren und inneren Herausforderungen, die uns begegnen, Lebensfreude und innere Kraft zu bewahren. Wie also mit diesen Unsicherheiten umgehen? Coachingexpertin Sabine Waldmann weiß aus Erfahrung: Mit Humor geht alles leichter. Mit diesem Kartenset lenkt sie unseren Blick auf die heitere Seite herausfordernder Ereignisse. Denn die gibt es immer!